Hans Mühlethaler

An der Grenze

Ein absurdes Theaterstück

Das Stück
wurde 1963 am Schauspielhaus Zürich uraufgeführt. Es
zeigt am Beispiel des „Eisernen Vorhangs" die Absurdität
aller willkürlichen Grenzen. Die vorliegende Fassung ist
2006 entstanden.

Der Autor
Hans Mühlethaler, geboren 1930 in Zollbrück, Emmental.
Ausbildung zum Lehrer, 17 Jahre Schuldienst, dann als
freier Schriftsteller und Sekretär der Schriftstellervereini-
gung „Gruppe Olten" tätig. Verheiratet, fünf erwachsene
Söhne und Töchter, Enkelkinder. Wohnt in Paris.

Veröffentlichungen:
Zutreffendes ankreuzen, Gedichte, Kandelaber Bern (1967)
Außer Amseln ... Prosa, Anabas Gießen (1969) *Die Fowler-
sche Lösung,* Roman, Zytglogge Bern (1978) *Die Gruppe
Olten*, Sachbuch, Sauerländer Aarau (1989) *Abschied von
Burgund,* Roman, Zytglogge Bern (1991) *Der leere Sockel,*
Roman, Books on Demand (2000) *Das Bewusstsein − Ursa-
che und Überwindung der Todesangst,* Essay, Books on
Demand (2006)

Hans Mühlethaler

An der Grenze

Ein absurdes Theaterstück

Das Buch ist als Book on Demand mit der Digitaltechnologie hergestellt worden und kann über den klassischen Buchhandel und über die Internet-Buchhandlungen bezogen werden.

Umschlagillustration Martin Müller-Reinhart
© 2007 Hans Mühlethaler
Die Aufführungsrechte sind durch den Autor
zu erwerben. Seine Adresse kann beim
untenstehenden Verlag oder bei
Pro Litteris, Zürich, erfragt werden.
Herstellung und Verlag:
Books on Demand GmbH, Norderstedt
ISBN 978-3-8334-6570-3

Personen:

Kolak
Mutter
Fräulein
Kaminfegermeister
Schönmann
Frau Schönmann
Grenzer
Reisende

Erstes Bild

Es wird nur ganz vorn auf der Bühne gespielt. Ein Zwischenvorhang verdeckt den hinteren Teil.
Kolaks Zimmer: Bett, Tisch, Stuhl, ein offener Schrank, Unordnung. Daneben das Zimmer von Schönmanns. Die Zwischenwand nur angedeutet. Aus dem Hintergrund tönt die Begleitmusik zum „Song vom schmutzigen Schnee".
Kolak zieht die Jacke aus, die Socken, die Hose.

FRAU SCHÖNMANN, *mit einem Bündel Wäsche eintretend*
Ach, Herr Kolak, störe ich Sie? – Ich dachte, Sie wären am Packen.
Die Musik verklingt.
KOLAK
Danke, Frau Schönmann. Keine Socken. Keine Taschentücher. Wenn man nur eine Mappe voll mitnehmen will, ist bald entschieden.
FRAU SCHÖNMANN
Nehmen Sie nur eine Mappe voll mit? – Sie bleiben doch mindestens drei Tage fort.
KOLAK
Länger, viel länger. Was stellen Sie sich vor, Frau Schönmann. Ich gehe über die Grenze.
FRAU SCHÖNMANN
Das ist mir ganz unverständlich.
Sie legt die Wäsche aufs Bett.
KOLAK
Was?
FRAU SCHÖNMANN
Alles. Dass Sie über die Grenze gehen.

KOLAK
Ich packe nur das Pyjama ein, den Rasierapparat, die Pantoffeln.

FRAU SCHÖNMANN
Ihr Hemd wird schmutzig, schon am ersten Tag. Zum Reisen zieht man nicht ein weißes Hemd an.

KOLAK
Ich will nicht wie ein Straßenwischer reisen. Meinetwegen soll es schmutzig werden. Das ist noch mein kleinster Kummer, das Hemd.

FRAU SCHÖNMANN
Was haben Sie eigentlich vor? Warum gehen Sie über die Grenze? Gefällt es Ihnen hier nicht mehr? Habe ich mich zu wenig um Sie gekümmert?

KOLAK
Ich reise nicht ihretwegen, Frau Schönmann.

FRAU SCHÖNMANN
Sie reisen, weil Sie eine Frau im Kopf haben. Eine Jüngere, Hübschere als ich.

KOLAK
Ich habe keine Frau im Kopf. Sie waren eine einzigartige Schlummermutter, Frau Schönmann. Sie haben mir immer heiße Semmeln ans Bett gebracht. Sie haben mir die Füße gewaschen.

FRAU SCHÖNMANN *stellt einen Zuber mit Wasser vor ihn hin und beginnt seine Füße zu waschen.*
Ich werde Sie sehr vermissen, Herr Kolak ... Wenn ich Ihnen nicht mehr die Füße waschen darf ... Und die Vorstellung, dass eine andere Ihnen die Füße wäscht ... *Sie wischt sich eine Träne ab.*

KOLAK
Ach, lassen Sie das Weinen, Frau Schönmann. Zum Weinen gibt es absolut keinen Grund. Sie werden das Zimmer an einen anderen Zimmerherrn vermieten. Sie werden einem anderen die Füße waschen ... Die Füße

8

abtrocknen. *Sie trocknet ihm die Füße ab.* Die Füße
einölen ...
FRAU SCHÖNMANN
Ich nehme heute ein ganz spezielles Öl für Sie! *Sie ölt ihm die Füße ein.*
KOLAK
O ja. Es riecht sehr verlockend.
FRAU SCHÖNMANN
Finden Sie tatsächlich, dass es verlockend riecht? – *Sie hält ihm die Hand hin.* Es sind sehr kostbare Essenzen drin: Orange, Rose, Ylang-Ylang, Jasmin. Ein Öl, das aus Manila stammt.
KOLAK
Bitte auch das Knie ein bisschen ... Es stammt ebenfalls aus Manila.
FRAU SCHÖNMANN
Sie sind heute zum Scherzen aufgelegt, Herr Kolak. Darf ich Ihnen trotzdem eine ernste Frage stellen?
KOLAK
Stellen Sie die Frage. Wenn Sie nicht zu indiskret ist ...
FRAU SCHÖNMANN
Sind Sie fromm?
KOLAK
Was verstehen Sie unter „fromm"?
FRAU SCHÖNMANN
Ein frommer Mensch ist ein gläubiger Mensch. Einer, der in die Kirche geht.
KOLAK
In die Kirche bin ich früher auch gegangen. Aber da habe ich mich nur wohl gefühlt, solang sie leer war. Wenn dann die Leute kamen mit ihren Gesängen, die Priester mit ihrer Messe ...
FRAU SCHÖNMANN
Die Kirche, das sind die Leute, das ist die Messe, das sind die Gesänge. Da will man doch mitsingen können!

KOLAK
Singen Sie mit, Frau Schönmann ... Wenn es nichts nützt, so schadet es nichts.
FRAU SCHÖNMANN, *mit dem Einölen innehaltend*
Oh! Wollen Sie sagen, dass es schaden könnte?
KOLAK
Nein, nein. Das ist ein Missverständnis. Fahren Sie nur weiter! Ich wollte etwas ganz anderes –
SCHÖNMANN *hinter der Szene*
Frieda, Frieda!
FRAU SCHÖNMANN
Mein Mann. Ich muss gehen.
KOLAK
Er soll warten.
FRAU SCHÖNMANN *zu ihrem Mann*
Du sollst warten.
Sie fährt fort, Kolaks Füße einzuölen.
SCHÖNMANN *erscheint im andern Zimmer. Er ist erst halb angezogen. Auf den Boden stampfend:* Frieda, Frieda!
FRAU SCHÖNMANN
Ja, wart doch. *Zu Kolak.* Das bleibt unter uns.
KOLAK
Was?
FRAU SCHÖNMANN
Dass ich Ihnen ...
KOLAK
Dass Sie mir?
FRAU SCHÖNMANN *lachend*
Sie wissen schon, was ich meine.
Sie streicht noch einmal zärtlich über seinen Fuß.
SCHÖNMANN
So komm doch endlich!
FRAU SCHÖNMANN *ins andere Zimmer tretend, zu ihrem Mann*
Was hast du schon wieder?

SCHÖNMANN
Meine Hosenträger sind zu kurz.
FRAU SCHÖNMANN
Du hast wieder einmal zu enge Hosen gekauft. Hab's
dir ja gesagt. Du willst nicht wahrhaben, dass du einen
Schmerbauch hast.
SCHÖNMANN
Red doch nicht so laut. Das ist unsere private Angele-
genheit.
FRAU SCHÖNMANN
Deinen Schmerbauch sieht jedermann. Das ist keine
private Angelegenheit.
SCHÖNMANN
Ich sollte Kolak heißen. Dann würde mein Bauch dir
gefallen.
FRAU SCHÖNMANN
Red doch nicht solchen Unsinn!
SCHÖNMANN
Das ist kein Unsinn. Er hat dir den Kopf verdreht.
FRAU SCHÖNMANN
Mir den Kopf verdreht? – Er ist ja noch ein Jüngling.
SCHÖNMANN
Ja, ein Jüngling. Ein Tunichtgut. Ein Schmarotzer.
Und du lässt dir von ihm ...
KOLAK
Frau Schönmann.
FRAU SCHÖNMANN
Herr Kolak?
KOLAK
Ich höre, was Sie sprechen.
FRAU SCHÖNMANN
Er hört, was du sprichst.
SCHÖNMANN
Ist mir egal.
FRAU SCHÖNMANN
Aber mir nicht.

SCHÖNMANN
Ich werde ihm das Zimmer kündigen.
FRAU SCHÖNMANN
Das kannst du nicht. Er will verreisen.
SCHÖNMANN
Wohin verreist er denn?
FRAU SCHÖNMANN
Ins Ausland.
SCHÖNMANN
Der!
FRAU SCHÖNMANN
Warum nicht?
SCHÖNMANN
Hat ja keine Papiere!
FRAU SCHÖNMANN
Kann ja gleichwohl reisen.
SCHÖNMANN
Wenn er doch endlich verreisen würde!
FRAU SCHÖNMANN
Er verreist nur mit der Mappe. Er will nur das Pyjama mitnehmen, die Pantoffeln, den Rasierapparat.
SCHÖNMANN
Der wird bald zurückkommen, leider.
FRAU SCHÖNMANN
Er sagt lange nicht, leider.
KOLAK
Frau Schönmann!
KOLAK
Würden Sie mir noch das blaue Hemd bügeln?
FRAU SCHÖNMANN
Sehr gern. Sie nehmen auch das blaue Hemd mit?
KOLAK
Ja, wenn es schön gebügelt ist.
FRAU SCHÖNMANN *zu ihrem Mann*
Er nimmt auch das blaue Hemd mit. Ich muss das blaue Hemd bügeln. Gut, dass ich das blaue Hemd noch gewaschen habe.

SCHÖNMANN
Was? Ihm noch ein Hemd bügeln? Wo er doch nicht einmal die Miete bezahlt hat! Und will verreisen, hast du gesagt? – Nein. Er bleibt, bis er die Miete bezahlt hat.

KOLAK
Frau Schönmann!

FRAU SCHÖNMANN
Herr Kolak?

KOLAK
Ich möchte schlafen.

Er legt sich aufs Bett und schließt die Augen.

FRAU SCHÖNMANN *zu ihrem Mann*
Er will schlafen.

SCHÖNMANN
Was hast du damit zu tun, wenn er schlafen will? –

FRAU SCHÖNMANN
Wo er doch diese lange Reise machen will! Da muss er sich vorher ausruhen. Ist logisch, nicht? –

SCHÖNMANN
Er bleibt da, bis er die Miete bezahlt hat.

FRAU SCHÖNMANN
Er wird sie bezahlen, wenn er zurück ist.

SCHÖNMANN
Dann sag ihm das.

FRAU SCHÖNMANN
Herr Kolak! Herr Kolak! – Er schläft. Ich werde es ihm nachher sagen.

SCHÖNMANN
Du sollst es ihm jetzt sagen!

FRAU SCHÖNMANN
Ich habe jetzt andere Dinge zu tun. *ab*

SCHÖNMANN
Wo gehst du hin?

Er folgt ihr. Es wird allmählich dunkel.

KOLAKS MUTTER *tritt ein. Eine elegant gekleidete, übertrieben geschminkte Frau. Jünger als Frau Schönmann.*

Kolak! Wach auf!

KOLAK, *im Schlaf*

Warum soll ich aufwachen?

MUTTER

Ich bin deine Mutter.

KOLAK

Warum bist du meine Mutter?

MUTTER

Du stellst noch immer dieselben dummen Fragen wie als kleines Kind, Kolak.

KOLAK, *aufbrausend*

Ich bin nicht Kolak. Red mich nicht immer mit Kolak an.

MUTTER

Wer bist du denn?

KOLAK

Ich bin der Kaminfegermeister.

MUTTER

Kolak, das glaubst du selber nicht.

KOLAK *steht auf und nimmt die typische Haltung eines Kaminfegers ein.*

Ich bin der Kaminfegermeister. Ich bin der Kaminfegermeister. Ich bin der Kaminfegermeister. Ich bin der ...

MUTTER

Ich lasse mich nicht überzeugen, dass du der Kaminfegermeister bist. Du kannst es hundertmal sagen, ich lasse mich nicht überzeugen.

KOLAK *zieht einen Ausweis hervor.*

Hier! Da steht es schwarz auf weiß.

MUTTER, *den Ausweis betrachtend*

Tatsächlich! Das überrascht mich. Wie ist das nur möglich?

14

KOLAK

Gib her. Du darfst das nicht lesen. Niemand darf das lesen.

MUTTER

Ich habe es doch schon gelesen, Kolak. *Sie gibt ihm den Ausweis zurück.* Du hast mir den Ausweis soeben selber gegeben. Erinnerst du dich nicht?

KOLAK

Ich bin nicht Kolak.

MUTTER

Aber du bist der Kaminfegermeister, und ich muss wissen, warum du der Kaminfegermeister bist.

KOLAK

Weil es hier drinnen steht.

MUTTER

Das erklärt nichts, Kolak. Das erklärt nicht im geringsten, weshalb du der Kaminfegermeister bist.

KOLAK, *brüllend*

Ich bin nicht Kolak.

MUTTER

Dein Gebrüll erklärt noch weniger.

KOLAK

Lass mich allein, ich will schlafen.

MUTTER

Du sollst jetzt nicht schon wieder schlafen, Kolak. Du hast soeben geschlafen, und nun solltest du wach bleiben.

KOLAK

Ich will nicht wach bleiben. Lass mich jetzt endlich allein, ich will schlafen. *Er legt sich aufs Bett.*

MUTTER

Ich lasse dich nicht allein, bevor du mir nicht gründlich erklärt hast, weshalb du der Kaminfegermeister bist. Es muss dafür doch eine Erklärung geben, wenn du dich nur ein bisschen anstrengst und darüber nachdenkst. Man darf solche Dinge nicht einfach hinnehmen. Man muss wissen, woher sie kommen und wohin sie führen, man muss die Zusammenhänge erkennen, ihren Sinn, ihre Ursache. Du hast nie gesagt, dass du Kaminfegermeister werden möchtest, und jetzt bist du es trotzdem geworden. Das verstehe ich einfach nicht. Seit wann bist du denn Kaminfegermeister? Und wie bist du es geworden? Was treibst du dabei, wie viel verdienst du, wie gefällt es dir? Ich bin deine Mutter, und ich habe ein Recht, das zu erfahren. Ich habe von dir nie verlangt, dass du mich über jeden Schritt auf dem Laufenden hieltest, aber jetzt, da ich einfach nicht mehr mitkomme, muss ich es wissen. Hörst du? – *Sie kneift ihn in die Wange.* Er ist schon wieder eingeschlafen. *Zum Publikum:* Er ist unverbesserlich. Schon als Säugling schlief er immer ein, wenn er an meiner Brust lag. Dann musste ich ihn in die Wange kneifen, damit er wieder wach wurde. Er hätte sonst nicht genug Milch gekriegt. Ich hatte immer Angst, dass er nicht genug Milch kriegte, der phlegmatische kleine Kerl. Kolak, warum bist du Kaminfegermeister geworden? Warum dieser schmutzige Beruf? – Wach doch endlich auf!

Sie kneift ihn nochmals in die Wange. Er zeigt keine Reaktion. Sie geht kopfschüttelnd weg.

KOLAK *richtet sich nach einer Weile auf, wie aus dem Schlaf schreckend.*

Mutter! Mutter!

Lange Pause. Es regt sich nichts.

Wie im Traum singt Kolak den Song vom schmutzigen Schnee.

Scheinbar eine Katze
scheinbar ein Hund
Mädchen mit dem Mandelkern
Mädchen mit dem Rosenmund

nimm dich in Acht
vor dem Dieb in der Nacht
vor dem schmutzigen Schnee
an der Grenze.

FRAU SCHÖNMANN *tritt ein.*
Herr Kolak... Es ist jemand da, der zu Ihnen will. Darf
ich ihn hereinbringen?
KOLAK
Wer ist es?
FRAU SCHÖNMANN
Er wartet schon lange.
KOLAK
Er soll noch länger warten.
FRAU SCHÖNMANN
Ich lasse ihn herein.
*Sie öffnet die Tür. Schönmann tritt ein, als Schreiner
verkleidet.*
KOLAK
Das ist ja nur ihr Mann.
FRAU SCHÖNMANN
Das ist nicht mein Mann. Wie können Sie das behaup-
ten! Schauen Sie ihn nur richtig an. Das ist der Schrei-
ner.
KOLAK
Ich kenne den Schreiner nicht.
FRAU SCHÖNMANN
Wie können Sie denn behaupten, dass es nicht der
Schreiner sei, wenn Sie diesen nicht kennen?
KOLAK
Es ist Ihr Mann. Ich kenne doch Ihren Mann.
FRAU SCHÖNMANN
Und ich? Kenne ich meinen Mann etwa nicht? Wollen
Sie das behaupten? Oder kenne ich den Schreiner
nicht? Ich kenne sie beide. Das ist nicht mein Mann,
das ist der Schreiner.

KOLAK

Wenn es nicht Ihr Mann ist, dann soll er erst recht abhauen. Dann hat er hier drin nicht das Geringste zu suchen. *Zu Schönmann.* Sind Sie der Schreiner, oder sind Sie Herr Schönmann?

FRAU SCHÖNMANN

Es ist der Schreiner, Herr Kolak, ganz gewiss.

KOLAK

Ich habe keinen Schreiner bestellt.

FRAU SCHÖNMANN

Aber der Schreiner ist doch da, um an Ihnen das Maß zu nehmen.

KOLAK

An mir das Maß zu nehmen?

FRAU SCHÖNMANN

Natürlich. Wo Sie doch diese Reise antreten.

KOLAK

Wo ich diese Reise antrete?

FRAU SCHÖNMANN

Natürlich. Sie haben es ja selber gesagt. Legen Sie sich auf das Bett, damit es besser geht.

KOLAK

Damit es besser geht? *Er schüttelt den Kopf.*

FRAU SCHÖNMANN

Sie machen sich zu viele Gedanken. Wenn Sie sich ganz entspannt ausstrecken, kann er Sie genauer messen. *Er legt sich hin.* Ganz flach liegen. So. Und mit den Fußsohlen das Brett berühren. So. *Zu Schönmann.* Du kannst gleich von hier an messen. Bis hier, wo ich die Hand hinhalte. *Er hat den Meterstab aufgeklappt und misst.* Das macht 1 m 82. Noch 2 cm dazu, macht hundertvierundachtzig.

SCHÖNMANN, *unwillig*

Entweder man misst eine Sache genau, oder man misst sie nicht genau.

FRAU SCHÖNMANN
Hundertvierundachtzig ist genau. Du hast doch selber gesagt, dass man 2 cm dazugeben muss.

SCHÖNMANN
Du bist einem ja nur im Weg. So kann man doch nicht messen.

FRAU SCHÖNMANN, *zischend*
Du musst höflich sein mit mir! Du musst den Schreiner spielen. Sonst merkt er, dass du nicht der Schreiner bist!

SCHÖNMANN
Er ist ja eingeschlafen, er merkt überhaupt nichts mehr. Da sieh mal, wie fest er schläft.
Er stochert mit dem Meterstab auf Kolaks Gesicht herum.

FRAU SCHÖNMANN
Hör auf! Du darfst nicht mit dem Meterstab auf seinem Gesicht herumstochern. Sonst wacht er wieder auf.

SCHÖNMANN
Ist mir egal. Die Länge haben wir ja gemessen. Er kann wieder aufwachen.

FRAU SCHÖNMANN
Aber die Breite noch nicht. Miss jetzt die Breite!

SCHÖNMANN
Die Breite ist doch klar, der bekommt das Normalmaß.

FRAU SCHÖNMANN
Normalmaß kommt für ihn nicht in Frage. Ich hab dir doch deutlich erklärt, warum.

SCHÖNMANN
Warum nicht Normalmaß, wenn es billiger ist. *Er misst.*

FRAU SCHÖNMANN
Dreiundvierzig ist kein Normalmaß, das solltest du wissen. Dreiundvierzig oder fünfundvierzig, wenn er die Arme ausstreckt.

SCHÖNMANN
Normalmaß oder nicht Normalmaß. Er soll jetzt endlich aufwachen. Er soll die Miete bezahlen.
FRAU SCHÖNMANN
Lass ihn! Er hat eine lange Reise vor sich. Er braucht jetzt keine Miete mehr zu bezahlen.
Sie legt sich zum schlafenden Kolak aufs Bett, zieht die Decke über beide.
SCHÖNMANN
Du legst dich zu diesem Tunichtgut aufs Bett! Du steckst mit ihm unter einer Decke!
FRAU SCHÖNMANN
Ich habe ihm jeden Morgen heiße Semmeln gebracht. Ich habe ihm die Füße gewaschen, die Füße eingeölt. Es war eine schöne Zeit.
Sie erhebt sich plötzlich, tritt an die Rampe.
Ich bin traurig, dass sie zu Ende ist.

Vorhang

Zweites Bild

*Ganze Bühne sichtbar. Ein Eisenbahnwagen, darge-
stellt durch ein paar alte Eisenbahnbänke mit Gepäckträgern.*
*Aus dem Lautsprecher erklingt eine Musik, die den
stampfenden Rhythmus des fahrenden Zuges nach-
ahmt.*
*Auf den Bänken Herr und Frau Schönmann, die Mutter
und der Grenzer, als Reisende gekleidet. Eventuell
noch mehr Reisende. Unendlich viel Reisegepäck.*
*Auf einer Bank sitzt Kolak, ihm gegenüber das Fräu-
lein.*

KOLAK *singt den Eisenbahn-Song*

Wenn in der Eisenbahn
man nicht mehr essen kann
Wenn in der Eisenbahn
man nicht mehr trinken kann
Wenn in der Eisenbahn
man nicht mehr schlafen kann
was macht man dann?

FRÄULEIN
Im Zug darf man nicht singen, mein Herr. Nur bei
geschlossenen Fenstern. Aber die Fenster sind nicht
geschlossen. Und nicht, wenn der Wagen hält.
KOLAK *singt weiter*

Wenn in der Eisenbahn
man nicht mehr sprechen kann
Wenn in der Eisenbahn

man nicht mehr tanzen kann
Wenn in der Eisenbahn
man nicht mehr küssen kann
was macht man dann?

FRÄULEIN
Im Zug darf man nicht küssen, mein Herr. Nur bei geschlossenen Fenstern. Aber die Fenster –
KOLAK
Entschuldigen Sie. Habe ich Sie gestört? Möchten Sie schlafen? Träumen? Die Landschaft genießen? Die Landschaft ist so langweilig. Und wir sind bald an der Grenze.
FRÄULEIN
Es ist sehr schwül hier drinnen. Die Fenster sind geschlossen. Man sollte die Fenster öffnen.
KOLAK
Sie sind föhnempfindlich. Sie sollten sich behandeln lassen. Sie sollten Tabletten schlucken. Haben Sie keine Tabletten?
FRÄULEIN
Ich habe mein Taschentuch verloren. Könnten Sie mir nicht Ihr Taschentuch geben?
KOLAK
Natürlich. *Er gibt ihr sein Taschentuch.*
Es ist zufällig noch ganz sauber, wie frisch gewaschen. Ich habe es heute wahrscheinlich noch nicht gebraucht.
FRÄULEIN, *betupft sich damit die Stirn, dann gibt sie es zurück.*
Danke. Es ist schon viel besser.
KOLAK
Wollen Sie es nicht behalten? Ich habe vermutlich mehr als eines bei mir, eine ganze Mappe voll Taschentücher, ich komme auch ohne aus, wenn es sein muss ...

FRÄULEIN

Ich werde es mir gern wieder ausleihen, wenn ich es brauche.

KOLAK, *mit dem Taschentuch in den Händen spielend*

Oh, Sie werden es bestimmt wieder brauchen.

Hier ganz unvermittelt einsetzend das Gerede der Reisenden, laut, wirr durcheinander, während Kolak und das Fräulein stumm verharren.

REISENDE

Oh, Sie werden es bestimmt wieder brauchen ... Oh, sie werden es bestimmt wieder brauchen ... Nein danke, ich brauche es nicht ... Nein danke, ich brauche es nicht, ich besitze selber eines ... Ja natürlich, habe ich Ihnen das nicht erzählt ... Sie waren schon vierzig, und wohnten noch immer bei ihren ... Ach Gott, hat das lange gedauert ... Drei Monate ... Nein, das ganze Jahr ... Zwölf Franken fünfzig für einen solchen Unfug ... Darf ich Ihnen den Koffer herunternehmen ... Und das musste ausgerechnet mir passieren ... Und das musste –

FRÄULEIN

ausgerechnet mir passieren ...

Sie setzt sich einen Hut auf. Die Musik des Hut-Songs setzt ein.

KOLAK

Was ist Ihnen denn passiert? Habe ich mich getäuscht, als ich sagte: Eine Schwalbe bringt noch keinen Frühling?

FRÄULEIN, *steckt eine Zigarette in den Mund. Kolak zieht das Feuerzeug aus der Tasche und gibt ihr Feuer.*

Danke. Wer sind Sie?

KOLAK
Ich? – Ein Schlagersänger. *Er steht auf, um seine Mappe vom Gepäcknetz herunterzunehmen.*
FRÄULEIN
Passen Sie auf, wenn Sie aufstehen, dass Sie mir nicht auf die Füße treten.
KOLAK *singt den Hut-Song*

Man darf sich in der Eisenbahn
nicht auf die Füße treten
nicht mit der Zunge schnalzen
wenn eine Dame gegenübersitzt
Man muss die Fenster schließen
wenn die Pfarrer beten.
Auch fluchen darf man nicht
wenn es nichts nützt.
Man muss ganz brav sein
und die Brille putzen
den Koffer ins Gepäcknetz stellen.
Rufen darf man nicht.
Doch darf man
wenn es sein muss
die Gelegenheit benutzen
und sagen: Gnädigste, der Hut
passt Ihnen ausgezeichnet ins Gesicht.

FRÄULEIN
Das ist ein alter Schlager. Heute trägt man keinen Hut mehr.
KOLAK
Sie irren sich. Der Schlager ist ganz neu. Er ist noch nicht einmal ganz trocken.
FRÄULEIN
Wirklich?
Sie nimmt verlegen ihren Hut vom Kopf und betrachtet ihn.

24

KOLAK
Darf ich ihn auch mal probieren?
FRÄULEIN
Er ist Ihnen bestimmt zu klein.
KOLAK
Ich werde meinen Kopf ganz klein machen.
Er setzt sich den Hut auf.
Er passt ausgezeichnet. Finden Sie nicht auch?
FRÄULEIN
Ich finde, er passt schlecht zu Ihnen.
KOLAK
Aber ich kann besser singen, wenn ich einen hübschen
Hut trage.
Er singt wieder.

Man darf sich in der Eisenbahn
nicht auf die Füße treten
nicht mit der Zunge schnalzen
wenn eine Dame gegenübersitzt
Man muss die Fenster schließen
wenn die Pfarrer beten.
Auch fluchen darf man nicht
wenn es nichts nützt –

KAMINFEGERMEISTER, *tritt auf, mit allen Geräten
eines Kaminfegers versehen.*
Passkontrolle!
Die Musik bricht ab. Kolak singt weiter auf La-la.
FRÄULEIN
Haben Sie gehört, der Passkontrolleur. Jetzt dürfen Sie
nicht mehr singen.
KOLAK
Ich habe einen Pass. Ich darf singen.
Er singt weiter.

KAMINFEGERMEISTER, *geht von Bank zu Bank und ruft*
Passkontrolle!
REISENDER
Wir haben keine Pässe, wir wollen über die Grenze.
Der Kaminfegermeister nickt und geht weiter.
EIN ANDERER REISENDER
Ich habe meinen Pass zuunterst im Koffer, muss ich ihn hervornehmen?
KAMINFEGERMEISTER
Sparen Sie sich die Mühe, wenn Sie über die Grenze wollen.
Er kommt zu Kolak, der noch immer singt. Scharf
Warum singen Sie, mein Herr? Haben Sie einen Pass?
KOLAK, *fröhlich*
Hier, Herr Kaminfegermeister. Hier ist mein Pass. *Er streckt ihm das Feuerzeug entgegen und entflammt es.*
KAMINFEGERMEISTER, *schlägt ihm das Feuerzeug aus der Hand*
Ersparen Sie sich solche Scherze! Sie müssen mir das halten, damit ich Ihren Pass kontrollieren kann. *Er übergibt ihm die Leiter, den Rundbesen.* Jetzt noch das. *Er hängt ihm den Kratzer an die Schulter.*
KOLAK
Meine sauberen Kleider! Mein weißes Hemd!
FRÄULEIN
Sie machen ihn schmutzig, Herr Kaminfegermeister.
KAMINFEGERMEISTER *zum Fräulein*
Das geht Sie nichts an.
Zu Kolak. Weisen Sie mir jetzt endlich Ihren Pass vor.
KOLAK
Ich kann Ihnen meinen Pass nicht vorweisen, Herr Kaminfegermeister, das sehen Sie ja selbst. Ich habe alle Hände voll von Ihren schmutzigen Geräten.

KAMINFEGERMEISTER *fängt an, an seinem Körper herumzufummeln.*

Wo haben Sie Ihren Pass, Sie zimperlicher Mensch? Ich muss wohl Ihren Pass noch selber suchen. Sie hätten ihn schon längst hervornehmen können. *Er greift in seine Hosentasche.*

KOLAK

Nicht da. In der Jacketttasche! Sie suchen am falschen Ort, Herr Kaminfegermeister.

KAMINFEGERMEISTER

Dann sagen Sie es doch gleich. Ich habe keine Zeit zu verlieren.

Er zieht Kolaks Papiere aus der Jacketttasche und durchblättert sie.

KOLAK

Mein weißes Hemd! Meine sauberen Papiere!

KAMINFEGERMEISTER

Das wird sich zeigen, ob Ihre Papiere sauber sind.

FRÄULEIN

Sie dürfen seine Privatsachen nicht durchschnüffeln, das geht Sie nichts an.

KAMINFEGERMEISTER

Ei, sieh mal, die Dame hat ein schlechtes Gewissen! *Er zieht ein Foto aus seinen Papieren.* Ist das nicht ein Foto von Ihnen? Wie kommt Ihr Foto in seine Papiere?

FRÄULEIN

Ein Foto von mir?

KOLAK

Das ist ausgeschlossen.

FRÄULEIN

Wir kennen uns doch erst seit fünf Minuten!

KAMINFEGERMEISTER *hält dem Fräulein das Foto hin.*

Sind Sie das, ja oder nein?

FRÄULEIN
Allerdings, Herr Kaminfegermeister. Aber ich habe ihm niemals mein Foto gegeben!

KAMINFEGERMEISTER
Das steht hier gar nicht zur Diskussion.

KOLAK
Das ist das Foto meiner Geliebten. Meine Geliebte heißt Lilly. Nicht wahr, Sie heißen nicht Lilly, mein Fräulein?

FRÄULEIN
Nein, ich heiße –

KOLAK *zum Kaminfegermeister*
Haben Sie gehört, Herr Kaminfegermeister, das Fräulein heißt nicht Lilly. Wie können Sie mich nur falsch verdächtigen. *Zum Fräulein.* Ich bin glücklich, dass Sie nicht Lilly heißen.

KAMINFEGERMEISTER
Ich dulde in meiner Gegenwart keine Privatgespräche. Auch ein Brief ist da. Blaues Papier, grüne Tinte. Geben Sie nur gleich zu, mein Fräulein, dass das Ihre Schrift ist.

Er hält ihr den Brief unter die Nase.

FRÄULEIN
Ich verstehe nicht ... tatsächlich, meine Schrift ... ein Irrtum, Herr Kaminfegermeister, ein Missverständnis –

KOLAK
Das ist noch viel unmöglicher –

KAMINFEGERMEISTER
Das überlassen Sie uns, zu prüfen, was möglich ist und was nicht.

KOLAK
Es ist ein Brief meiner Geliebten! Und meine Geliebte heißt Barbara. Das Fräulein heißt nicht Barbara. Das haben Sie doch eben selbst gehört!

KAMINFEGERMEISTER

Nur keine Angst. Ich lese den Brief nicht. Ich will mich nicht ärgern über die Lappalien, die darin stehen. Der Brief kommt zu den Akten.

KOLAK *verzweifelt*

Der Brief ist Privatsache, intim! Sie entreißen mir das Intimste!

KAMINFEGERMEISTER

Das werden wir alles untersuchen. Schreien Sie nicht so unnütz.

EIN REISENDER

Schreien Sie nicht so unnütz. Hier wird nicht unnütz geschrien.

EIN ANDERER

Sie sind schuldig. Geben Sie es nur zu.

KAMINFEGERMEISTER *zu Kolak*

Sie müssen mitkommen, mein Herr. Ihre Papiere sind leider nicht in Ordnung.

Er führt Kolak ab. Dieser trägt die Geräte des Kaminfegers und ist ganz schmutzig an Gesicht und Kleidung.

EIN REISENDER

Er muss mitgehen.

EIN ANDERER

Seine Papiere sind nicht in Ordnung.

EIN DRITTER

Es hat ihn erwischt.

EIN WEITERER

Er ist selber schuld.

EIN WEITERER

Er hat nicht aufgepasst.

EIN WEITERER

Er ist ein Schmuggler.

ALLE

Er ist ein Schmuggler. Er ist ein Schmuggler. Er ist ein Schmuggler.

Sie springen von den Plätzen, Freudentumult.
FRÄULEIN
Das ist nicht wahr! Er ist kein Schmuggler. Ich kenne ihn doch. Er ist unschuldig. Aber ihr seid alle Schmuggler.
Sie fängt an, die Koffer und Taschen der Reisenden von den Gepäckträgern herunterzureißen, zu öffnen, darin zu wühlen und die Ware auf den Boden zu schleudern.
Da sieh mal, ob ihr nicht Schmuggler seid! Da sieh mal, ob ihr nicht Schmuggler seid! Zigaretten, Kaffee, Schnaps, Filmapparate, Suppenstangen, Strumpfhosen, Rauschgift, Uhren, Zeitungen, Bücher, Worte, Ideen, Theaterstücke, Gesetze, Psalmen, Verbote, obszöne Bilder ...
Alles liegt wild durcheinander auf der Bühne. Die Musik setzt ein. Freudengebrüll. Flaschen fliegen herum, es wird getrunken, getanzt. Die Frauen ziehen die Blusen aus, die Männer die Westen, und reißen immer neue Schmuggelware aus ihren Taschen hervor.

Gleitender Übergang zum dritten Bild.

Drittes Bild

KOLAK
erscheint vorn auf der Bühne, bemerkt die tanzende Schmugglerbande.
Bravo!
Er tanzt mit. Die Schmugglerbande zieht sich nach hinten zurück. Vorn tanzt Kolak allein. Der Zwischenvorhang fällt.
KAMINFEGERMEISTER, *jetzt in der Uniform eines Passbeamten, tritt auf*
Es wird hier nicht getanzt. Das Tanzen in diesem Lokal ist nur mit einer Sonderbewilligung des Ministeriums für öffentlichen Verkehr gestattet.
Die Musik verstummt.
KOLAK
Wenn Sie das so auffassen –
KAMINFEGERMEISTER
Ich weiß, die Auffassungen über das, was ein Tanz sei, sind noch nicht ganz einheitlich.
Zum Grenzer, der in der Uniform eines Polizisten erscheint
Danke. Bleiben Sie vorläufig dort stehen.
Zu Kolak. Die juristische Abteilung wird diese Mängel in der Interpretation des amtlichen Sprachgebrauchs beheben.
Er klatscht in die Hände. Die Bühnenarbeiter erscheinen, stellen Büromöbel hinein und räumen die noch am Boden liegende Schmuggelware weg.
So, jetzt wird's schon menschlicher hier drinnen.
Er reibt sich befriedigt die Hände.
Zu Kolak. Bitte schaffen Sie ein bisschen Ordnung mit den Stühlen ... Ich habe Gäste gehabt ... eine Kommissionssitzung über das neue Gesetz zur Gewinnung von

künstlichem Kautschuk ... Leute, die sich's gern bequem machen, begreiflich.

Kolak bleibt stehen. Die Bühnenarbeiter ordnen die Stühle.

Sie sind offenbar sehr müde.

KOLAK

Es war sehr ungewohnt, diese Reise.

KAMINFEGERMEISTER

Müdigkeit ist die richtige Verfassung für ein Verhör.

Er setzt sich hinter den Schreibtisch. Kolak will sich ebenfalls setzen.

Sie bleiben stehen. So verlangen es der Anstand und die Passverordnung.

KOLAK

Wenn das Verhör nicht zu lange dauert – sehr lange halte ich das Stehen nicht mehr aus.

KAMINFEGERMEISTER

Nur Geduld. Ich werde Ihre Akte gleich finden.

Er wühlt in den Papieren, die auf dem Tisch liegen.

KOLAK

Ich habe doch keine Akte bei Ihnen!

KAMINFEGERMEISTER

Alle Menschen haben bei uns eine Akte.

MUTTER *betritt den Raum, schaut sich scheu um. Als sie den Kaminfegermeister entdeckt, fragt sie:*

Ist das hier die Zollabfertigung?

KAMINFEGERMEISTER

Nein, gnädige Frau. Das ist der Verhörraum.

MUTTER

Entschuldigung. Dann bin ich wohl nicht ganz richtig. Ich suche meinen Sohn ...

KAMINFEGERMEISTER

Wir bewahren hier keine Fundgegenstände auf.

MUTTER, *Kolak betrachtend, dessen Hemd und Ge-sicht noch immer ganz schwarz sind.*

Das ist nicht Kolak. Das ist nicht mein Sohn. Mein Sohn war immer ein anständiger Mensch. Mit zwei Jahren war er schon sauber. Er hat mir immer die Ärmchen entgegengestreckt, wenn ich in sein Zimmer trat. Mit fünf Jahren hat er schon sein erstes Gedicht geschrieben ...

KAMINFEGERMEISTER

Erzählen Sie uns doch nicht diese alten Geschichten, meine Dame. Wir haben hier keine Zeit, uns ihre ural-ten Geschichten anzuhören. Wir haben hier eine amtli-che Untersuchung durchzuführen, und Sie belästigen uns mit Ihren uralten Geschichten!

MUTTER

Oh, ich habe gedacht, das würde Sie interessieren.

KAMINFEGERMEISTER

Uns interessieren ganz andere Dinge. *Zum Grenzer.* Bitte führen Sie die Dame hinaus. *Der Grenzer führt die Mutter ab.*

KOLAK, *der Mutter nachschauend*

Wer war denn das? War das nicht meine Mutter?

KAMINFEGERMEISTER

Ich bin derjenige, der hier Fragen stellt. *Er zieht eine beliebige Karte aus dem Papierhaufen heraus, liest sie und fragt:*

Sie sind von Beruf Kaminfegermeister?

KOLAK

Nein. Pferdeschlächter.

KAMINFEGERMEISTER

Ach so. Ich habe die falsche Karte erwischt. Jetzt erin-nere ich mich wieder. *Er zieht erneut eine beliebige Karte heraus.*

Da – Sie sind der Mann mit dem symbolischen Beruf.

KOLAK

Sie verwechseln mich mit dem Kirschkernbeißer.

KAMINFEGERMEISTER

Ich muss sehr viele Leute verhören, da können solche Verwechslungen vorkommen.

KOLAK

Der Zug fährt in einer Viertelstunde. Berücksichtigen Sie doch bitte, dass ich diesen Zug unbedingt erreichen muss.

KAMINFEGERMEISTER

Wenn Sie ein Pferdeschlächter sind – wie viele Pferde haben Sie schon geschlachtet?

KOLAK

Noch keine. Es gibt in unserem Land keine mehr. Sie sind ausgerottet.

KAMINFEGERMEISTER

Ach so. Das ist mir neu. Eigentlich schade. Pferde waren niedliche Tiere. Ich hab sie gern gemocht, genau so wie die wilden Kaninchen. Aber wilde Kaninchen haben Sie doch schon gesehen?

KOLAK

Nein.

KAMINFEGERMEISTER

Was? Sie haben noch keine wilden Kaninchen gesehen? Sie leben schon zwanzig Jahre in unserem Land und haben noch keine wilden Kaninchen gesehen? Sie wollen doch nicht behaupten, dass es in unserem Land keine wilden Kaninchen gebe?

KOLAK

Ich habe mir nie die Mühe genommen, alles zu sehen, was es in diesem Lande gibt. Mein Zug fährt mir vor der Nase fort. Sie stellen mir Fragen, zu denen Sie nicht befugt sind.

KAMINFEGERMEISTER

Ich muss Sie darauf aufmerksam machen, dass Sie sehr schmutzig sind, mein Herr. Es ist nicht gestattet, in solchem Zustand auf dem Passbüro zu erscheinen.

KOLAK

Der Passkontrolleur hat mich so schmutzig gemacht.

KAMINFEGERMEISTER

Welcher Passkontrolleur?

KOLAK

Ihr Untergebener, der Passkontrolleur, der mich im Zug überprüft hat.

KAMINFEGERMEISTER

Sie bringen die Dinge durcheinander. Der Passkontrolleur ist nicht mein Untergebener, sondern ein Beamter wie ich, in dieselbe Besoldungsklasse eingeteilt, von derselben peinlichen Sauberkeit wie ich. Da gibt's nichts zu reklamieren! Unsere Beamten haben alle eine Wohnung mit eingebauter Badewanne. Es ist doch ganz ausgeschlossen, dass er Sie schmutzig gemacht hat, das ist ja eine Beamtenbeleidigung.

FRÄULEIN *tritt ein, sehr eilig*

Mein Herr, Sie haben Ihre Mappe im Zug vergessen.

KOLAK

Oh, Sie denken noch an mich?

KAMINFEGERMEISTER

Sie stören uns. Was wollen Sie?

FRÄULEIN

Ich habe noch die Mappe von diesem Herrn. Er hat sie im Zug vergessen.

KAMINFEGERMEISTER

Wir haben diese Mappe nicht nötig. Geben Sie sie her.

KOLAK

Es ist m e i n e Mappe, Herr Passbeamter.

KAMINFEGERMEISTER

Ich konfisziere sie.

FRÄULEIN *übergibt die Mappe Kolak*

Sind Sie noch nicht fertig? Der Zug wird gleich fahren. Man wartet nur noch auf Sie.

KAMINFEGERMEISTER

Der Zug fährt ohne ihn.

FRÄULEIN
Aber er will doch über die Grenze. Sie müssen ihn
fahren lassen.
KAMINFEGERMEISTER
Ich habe seinen Fall noch nicht erledigt.
FRÄULEIN
Sie müssen ihn erledigen, so rasch wie möglich, dann
fährt er mit dem nächsten Zug.
KAMINFEGERMEISTER
Nach diesem Zug wird keiner mehr fahren. Sie müssen
Abschied nehmen, sonst erreichen Sie ihn nicht mehr.
Machen Sie es kurz.
KOLAK *ergreift ihre Hand*
Wir werden viel Zeit haben. Wir werden in einem zau-
berhaften Park sein, mit Teichen, Schwertlilien, Vo-
gelnestern, Platanen.
FRÄULEIN *schmiegt sich an ihn*
Ich werde meinen Kopf an deine Schulter legen ... Ich
werde glücklich sein ...
KOLAK
Wir werden alles zurücklassen. Die Feigenblätter, die
faulen Trinksprüche, die Teller, Messer, Gabeln –
FRÄULEIN
Die Teller, Messer, Gabeln? Was meinen Sie damit?
*Plötzlich löst sie sich aus seiner Umarmung und stürzt
hinaus.*
KOLAK
Mein Fräulein –
Er will ihr nachstürzen, der Grenzer hält ihn zurück.
KAMINFEGERMEISTER
Sie bleiben hier! Sie gestatten, dass ich die konfiszierte
Mappe untersuche.
*Er öffnet die Mappe und schüttelt sie gründlich aus. Es
fällt ein Zapfenzieher heraus.*

Aha. Also doch. Sie haben einen Zapfenzieher in Ihrer Mappe. Ich beginne allmählich Ihre Absichten zu durchschauen.

KOLAK

Ich bin kein Schmuggler.

KAMINFEGERMEISTER

Das wird sich erweisen.

KOLAK

Sie können doch nicht behaupten, dass mein Zapfenzieher eine Schmuggelware sei. Es ist übrigens ein gebrauchter Zapfenzieher.

KAMINFEGERMEISTER

Wir werden auch das untersuchen. Wir werden darüber eine wissenschaftliche Expertise einholen.

KOLAK

Es ist ein ganz gewöhnlicher Zapfenzieher, aus ganz gewöhnlichem Metall, das können Sie doch selbst sehen. Ich habe damit vor zwei Tagen eine Flasche Dôle entkorkt.

KAMINFEGERMEISTER

Das kann jedermann behaupten. Sie brauchen Zeugen, wenn Sie das beweisen wollen.

KOLAK

Sie müssen mir beweisen können, dass ich schuldig bin. Sonst haben Sie kein Recht, mich zu verurteilen. Ein Zapfenzieher ist noch kein Beweis. Ich muss Ihnen überhaupt nichts beweisen, denn ich bin von Natur aus unschuldig.

KAMINFEGERMEISTER

Ihre Schuld ist schon lange bewiesen. Sie werden gleich sehen.

Er setzt sich auf den Gerichtsstuhl, der in der Mitte des Raumes steht. Der Grenzer hängt ihm die Richterrobe um. Dann trägt er die Anklagebank herein.

Zu Kolak. Mein Herr, die Verhandlung kann beginnen. Bitte setzen Sie sich auf die Anklagebank.

Zum Grenzer. Polizist, Sie können die Zeugen herein-
führen.
*Der Grenzer geht hinaus und führt Herrn und Frau
Schönmann herein.*
Haben Sie alle Zeugen hereingeführt?
GRENZER
Alle, die aufgeboten waren, total 1193 Stück männli-
chen und weiblichen Geschlechts.
KAMINFEGERMEISTER *zu Kolak, der sich noch nicht
gesetzt hat*
Warum setzen Sie sich nicht? Vorhin hat es geheißen,
Sie seien zu müde zum Stehen, Sie Lügner.
KOLAK
Ich bin unschuldig, Herr Gerichtspräsident. Ich kann
mich auf keine Anklagebank setzen.
KAMINFEGERMEISTER, *zum Grenzer*
Polizist, helfen Sie ihm. *Der Grenzer zwingt ihn, sich
zu setzen.*
Die Zeugen haben das Wort. *Schweigen.* Die Zeugen
haben das Wort. *Schweigen.* Ich möchte die Zeugen
bitten, in aller Freiheit von ihren Rechten Gebrauch zu
machen. Ich muss sie sonst zwingen. Ob Sie die
Wahrheit sagen oder nicht, spielt hier keine Rolle. Es
geht hier nicht um die Wahrheit, sondern um das Wohl
der Passkontrolle. Von Ihren Aussagen wird das Wohl
der Passkontrolle abhängen, meine Damen und Herren.
Wem darf ich das Wort erteilen?
FRAU SCHÖNMANN
Frau Schönmann.
SCHÖNMANN
Herr Schönmann.
FRAU SCHÖNMANN UND SCHÖNMANN, *im Wechsel*
Frau Schönmeier – Herr Schönmeier
Frau Schönmüller – Herr Schönmüller
Frau Schönbauer – Herr Schönbauer
Frau Schönblaser – Herr Schönblaser

Frau Schöngerber – Herr Schöngerber
Frau Schönmaler – Herr Schönmaler
Frau Schönsattler – Herr Schönsattler
Frau Schönschneider – Herr Schönschneider
Frau Schönschlosser – Herr Schönschlosser
Frau Schönreiter – Herr –
KAMINFEGERMEISTER
Danke. Das genügt vorläufig. Frau Schönmann, Sie
können mit Ihren Aussagen beginnen.
FRAU SCHÖNMANN UND SCHÖNMANN, *im Wechsel.*
Die Sätze müssen sehr rasch gesprochen werden.
Er trägt braune Schuhe. Er trägt schwarze Schuhe. Er
trägt kurze Haare. Er trägt lange Haare. Er isst gern
Sauerkraut. Er isst nicht gern Sauerkraut. Er trägt zwei
Paar Unterhosen. Er trägt nur ein Paar Unterhosen. Er
kann gut schwimmen. Er kann nicht gut schwimmen.
Er ist bei den Frauen beliebt. Er ist bei den Frauen
nicht beliebt. Er verdient viel Geld. Er verdient kein
Geld. Er sitzt gern im Wirtshaus. Er sitzt nicht gern im
Wirtshaus. Er schläft mit offenem Mund. Er schläft
nicht mit offenem Mund. Er hat eine gute Verdauung.
Er hat keine gute Verdauung. Er riecht gern Veilchen.
Er riecht nicht gern –
KAMINFEGERMEISTER
Danke. Das genügt. Ich stelle fest: Vollständige Über-
einstimmung vonseiten der Zeugenschaft. Es war nicht
anders zu erwarten. *Zum Grenzer.* Polizist, Sie können
die Zeugen hinausführen. *Der Grenzer führt Schönmanns ab. Zu Kolak.* Wir sind unter uns, mein Herr.
KOLAK
Wir lebten unter einem Strohdach, ganz allein, ein
altes Dach mit echtem Stroh. Es besuchte uns niemand,
es wusste niemand, wo wir waren, wir waren glücklich –

KAMINFEGERMEISTER

Die Aussagen der Zeugenschaft sind sehr belastend, das haben Sie selbst feststellen können. Ich muss Sie leider schuldig sprechen. Ihre Lage ist ganz hoffnungslos, das muss ich Ihnen offen sagen. Aber trotzdem ist Ihr Fall noch nicht erledigt. Sie haben das Recht, an die Oberpasskontrolle zu appellieren. Sie werden von diesem Recht Gebrauch machen, ich weiβ es. Jeder macht von seinen Rechten Gebrauch. Sie wären der erste, der davon nicht Gebrauch machen würde. Ich nehme an, Sie sind einverstanden, wenn ich in Ihrem Namen den Rekurs gleich einreiche. Sind Sie damit einverstanden?

KOLAK

Es ging alles gut, bis sie das Nasenbluten bekam. Und dann –

KAMINFEGERMEISTER

Meine Frage war nur Formsache. Sie müssen einverstanden sein. Es bleibt Ihnen keine Wahl, mein Herr. Haben Sie verstanden?

KOLAK

Und dann war auch sie einverstanden. Oder wie soll man das nennen –

KAMINFEGERMEISTER

Der Zapfenzieher bleibt in meiner Obhut. Sie sind auf freiem Fuβ, bis auf weiteres. Sie werden noch von mir hören.

KOLAK *freudig*

Ich gehe über die Grenze, Herr Passbeamter!

KAMINFEGERMEISTER

Das tun Sie nicht. Die Grenze ist für Sie geschlossen.

Vorhang

Viertes Bild

Ganze Bühne sichtbar. Die Gegend unmittelbar an der Grenze: ein Zaun aus Stacheldraht, ein paar Steinblöcke, eine Verbotstafel. Diese besteht aus einem weißen Tuch, das an zwei Pfählen befestigt ist. Darauf ist mit roter Schrift gesprayt: Sie verlassen hier die Schweizerische Eidgenossenschaft (je nach Aufführungsort auch ein anderes Land).
Der Grenzer in der grünen Uniform und dem typischen Hut des Grenzwächters. Feldstecher und Pistole umgehängt.
Kolak, jetzt wieder sauber, kommt aus dem Zuschauerraum und nähert sich der Grenze. Er hat eine Mineralwasserflasche bei sich.

GRENZER
Halt.
KOLAK
Ach, Sie mein Freund?
Er trinkt einen Schluck Mineralwasser.
GRENZER
Noch ein Schritt weiter, und es wird scharf geschossen.
KOLAK
Wir kennen uns doch. Haben wir uns nicht damals im Wilden Mann getroffen? – *Er trinkt wieder einen Schluck.* Auch ein Schluck? Es ist frisches Quellwasser.
GRENZER
Nein danke.
KOLAK, *die Flasche auf einen Steinblock stellend*
Entschuldigung. Ich wusste nicht, dass Sie eine Respektsperson sind.

41

GRENZER
Sie irren sich, mein Herr. Ich bin keine Respektsperson. Ich bin eine Amtsperson. Aber als Amtsperson weiß ich mir sehr wohl Respekt zu verschaffen.
Er zeigt ihm das Grenzwachtabzeichen auf dem Ärmel.
Da. Sie können sich selber davon überzeugen, dass ich ein Mitglied des berühmten Grenzwachtkorps bin.
KOLAK
Ach, Sie sind ein Mitglied des berühmten Grenzwachtkorps? Welche Grenze bewachen Sie denn?
GRENZER
Sie machen sich wohl lustig über mich? – Ich wiederhole: Noch ein Schritt weiter, und es wird scharf geschossen.
KOLAK
In diesem Land wird keiner erschossen. Das Gesetz verbietet das.
GRENZER
Abcr Sie werden von drüben erschossen, wenn Sie die Grenze übertreten.
KOLAK
Von drüben? Was erzählen Sie mir für Geschichten! Drüben ist ein grenzenlos glückliches Land. Kein Stacheldraht, keine Verbotstafeln. Alle Menschen sind Teilhaber des unermesslichen Glücks, das dort herrscht. Ich muss nur noch diese letzten paar Meter überwinden, dann werde auch ich ein Teilhaber dieses unermesslichen Glücks sein. –
GRENZER
Woher wissen Sie das?
KOLAK
Ich weiß es. Seit meiner Jugend habe ich von diesem Land geträumt. Jetzt weiß ich: Es gibt dieses Land. – Sie halten mich wohl für übergeschnappt?

GRENZER

Ich halte jeden für übergeschnappt, der diese Grenze überschreiten will. Ich bin vom Staat angestellt, die Menschen vor solchen Übergeschnapptheiten zu schützen.

KOLAK

Danke. Ich brauche diesen Schutz nicht. Ich bin ein freier Mensch.

GRENZER

Wenn Sie tot sind, sind Sie kein freier Mensch mehr. Dann kommen Sie entweder in den Himmel oder in die Hölle. So wie Sie aussehen, scheinen Sie eher dafür prädestiniert zu sein, in die Hölle zu kommen. In der Hölle sind Sie kein freier Mensch.

KOLAK

Sie sind offenbar ein gläubiger Mensch, dass Sie mir solche Märchen erzählen.

Er reißt einen Pfahl aus dem Boden und öffnet den Grenzzaun ein Stück weit.

GRENZER

Sind Sie wahnsinnig geworden? Wissen Sie, was Sie hier tun? Sie zerstören die Grenzbefestigungsanlage! Sie werden für den Schaden haftbar gemacht, den Sie an der Grenzbefestigungsanlage verursacht haben.

KOLAK

Machen Sie sich nicht lächerlich. Ich habe nur diesen morschen Pfahl rausgezogen.

GRENZER

Sie sind verhaftet. Sie kommen mit mir auf den Posten.

KOLAK

Nur gemach. Vom Posten komme ich doch gerade! Dort hat man mir die Erlaubnis gegeben –

FRÄULEIN *tritt von der Seite auf. Zu Kolak*

Da sind Sie ja! Endlich finde ich Sie.

KOLAK

Sie haben mich gesucht?

FRÄULEIN *schaut sich um*

Was für eine unwirtliche Gegend! Die Verbotstafeln, der Stacheldraht, das verdorrte Gras ... Was treiben Sie denn hier?

KOLAK

Ich bin dienstlich hier, im Auftrag der Zollbehörde. Bei grünem Licht werde ich marschieren, bei rotem werde ich halten, und bei gelbem werde ich schießen... Hahaha ... Warum erschrecken Sie? – Sie kennen mich doch schon – ein wenig. Wo haben Sie Ihren Schirm verloren, meine Dame?

GRENZER

Ihr Geliebter ist übergeschnappt –

FRÄULEIN

Er ist nicht mein Geliebter.

KOLAK

Darf ich Ihnen meinen Freund vorstellen, von Beruf Versicherungsagent. Er will Ihr Leben sehr hoch versichern, das ist verdächtig.

FRÄULEIN

Er trägt einen netten grünen Hut.

KOLAK

Und braune Socken, wenn ich Ihnen dieses Detail verraten darf.

FRÄULEIN

Und eine schwarze Krawatte –

GRENZER, *schreit*

Genug! Wenn Sie nicht sofort Schluss machen, dann –

FRÄULEIN

Er will Sie doch nur ein bisschen foppen. Regen Sie sich nicht unnötig auf.

KOLAK *zum Grenzer*

Fassen Sie Zutrauen zu sich. Ihre Nerven sind ein bisschen havariert. Ich empfehle Ihnen, viel Schnittlauch zu essen. *Zum Fräulen.* Wann haben wir uns eigentlich kennen gelernt?

FRÄULEIN
Es war vor sechs Wochen.

KOLAK
Im Express New York – Paris.

FRÄULEIN
Wir saßen uns gegenüber.

KOLAK
Man nennt das Liebe auf den ersten Blick.

FRÄULEIN
Du summtest einen Schlager vor dich hin.

KOLAK
Ich bin ein Schlagersänger.

FRÄULEIN
Und ich bin –

KOLAK
Eine junge hübsche Dame.

FRÄULEIN
Ohne Beruf. Ohne Eigenschaft.

KOLAK
Oh nein. Das dürfen Sie nicht sagen. Sie haben ganz vorzügliche Eigenschaften, wenn Sie sich nicht zu provinziell geben.

FRÄULEIN
Provinziell? Was wollen Sie damit sagen?

GRENZER
Ich möchte Sie zum letzten Mal darauf aufmerksam machen, dass Sie verhaftet sind, und zwar beide. Sie müssen unverzüglich mit auf den Posten kommen. Jede Widersetzlichkeit zieht strafrechtliche Verfolgung nach sich.

KOLAK
Großartig.

FRÄULEIN
Wie er das Sprüchlein beherrscht.

GRENZER

Im Notfall bin ich gezwungen, von meiner Schuss-
waffe Gebrauch zu machen. Ich werde zuerst einen
Schreckschuss abgeben. Dann auf die Füße zielen.

*Er ergreift Kolaks Mineralwasserflasche, gibt daraus
einen Spritzer auf Kolak ab.*

KOLAK

Das ist mein Wasser, mein Herr. Es ist frisches Quellwasser. Bitte vergeuden Sie es nicht. Vorhin haben Sie
sich geweigert, davon zu trinken.

Der Grenzer gibt noch einen Spritzer auf Kolak ab.

FRÄULEIN, *lachend*

Warum nur ihn?

*Darauf beginnt der Grenzer unvermittelt das Fräulein
mit dem Mineralwasser zu bespritzen. Dieses rennt
kreischend davon. Der Grenzer entledigt sich schnell
des Feldstechers und der Pistole, rennt ihr nach und
bespritzt ihren Nacken mit Wasser. Wilde Jagd um die
Grenzanlage herum. Nach mehreren Runden bleibt das
Fräulein hinter der Grenzanlage stehen, reißt dem
Grenzer den Hut vom Kopf und wirbelt ihn in die Luft,
entreißt ihm auch die Mineralwasserflasche und schüt-
tet ihm den Rest des Wassers über den Schädel.*

GRENZER

Oh! Das kühlende Nass! Hat sehr gut getan.

FRÄULEIN, *tut so, als ob sie entrüstet wäre*

Mann! Du hast meine Kleider ganz nass gemacht.

*Sie zieht das T-Shirt aus, wringt es und hängt es über
den Grenzzaun, ebenso die übrigen Kleider, bis sie
nackt ist.*

GRENZER, *seinen Uniformrock ebenfalls ausziehend
und an den Grenzzaun hängend*

Das kann an der Sonne trocknen.

Er presst das Fräulein an seinen Körper.

FRÄULEIN
Mann! Bist du stark! – *Sie verharren eine Weile in der Umarmung. Plötzlich entwindet sie sich, geht zur Verbotstafel und reißt das weiße Tuch herab, um sich damit zu umhüllen.* Du hast doch nichts dagegen, dass ich mir ein neues Kleid beschaffe?
GRENZER
Ganz im Gegenteil. Es steht dir ausgezeichnet!
KOLAK
Es steht ihr ausgezeichnet ... Und das Wasser steht ihr bis zum Hals.
GRENZER
Oh, Sie irren sich, mein Herr. Das hat nichts mit Ihnen zu tun. Sie ist eine absolut selbständige Frau. Nicht wahr, mein Kätzchen?
FRÄULEIN
Wie toll, dass du mich Kätzchen nennst. Er hat mich nie Kätzchen genannt.
GRENZER
Wie lange kennen wir uns eigentlich schon?
FRÄULEIN
Es war vor sechs Wochen
GRENZER
An der Grenze zwischen der Pferdeschwemme und dem Himmelreich.
GRENZER
Du hattest das Visum in der Tasche.
FRÄULEIN
Ich wollte hinüber
GRENZER
Mit deinem Geliebten
FRÄULEIN
Und du ließest mich nicht durch.
GRENZER
Es war meine Pflicht
FRÄULEIN
Mich zu beschützen

GRENZER
Vor dem schmutzigen Schnee an der Grenze.
FRÄULEIN
Ich weiß es. Ich nehme es dir nicht übel. Ich wollte
leben. Ich bin noch jung. Ich habe alle Möglichkeiten
vor mir. Und er – hatte mich mit seinen verrückten
Ideen betört.
KOLAK *zum Fräulein*
Hatte ich nicht sogar einen Song für Sie gedichtet?
Erinnern Sie sich nicht mehr? Erinnern Sie sich nicht,
wie wir uns geküsst haben?
FRÄULEIN
Doch. Ich erinnere mich. Es waren fade Küsse. Es war
ein kraftloses Geknutsche. Und der Song war wie ab-
gestandener Kaffee. *Zum Grenzer.* Er hat immer diese
unerträglichen Schnulzen gesungen. Und auch sonst
war es ziemlich mühsam mit ihm.
GRENZER
Gehen wir.
FRÄULEIN *zu Kolak, indem sie ihm den Rock des
Grenzers über den Grenzzaun reicht.* Du darfst das
anziehen. *Er zieht ihn an.* Du darfst auch die Pistole
umhängen. Den Feldstecher. Den Hut aufsetzen. *Sie
wirft ihm den Hut zu. Er zieht alles an.* Jetzt siehst du
aus wie ein Grenzwächter. *Zum Grenzer.* Nicht wahr!
Er macht sich gut in deiner Uniform. Er wird jetzt
deinen Platz einnehmen.
GRENZER *zum Fräulein*
Und ich darf dich begleiten?
FRÄULEIN
Aber gerne!
GRENZER
Wohin gehen wir?
FRÄULEIN
Gleichgültig wohin. Du wirst meine Grenze behüten,
nicht wahr, Kolak.

KOLAK
Du gehst weg, Liebling? In seiner Begleitung?
Die Musik zum Song vom Verrat setzt ein.
FRÄULEIN
Er begleitet mich nach Hause. Du hast Dienst, du musst hier bleiben. Ich mag nicht allein sein, wenn du Dienst hast. Du verstehst mich doch? Wenn er mich nach Hause begleiten will, wenn er Zeit hat, wenn er frei hat, ich darf doch nicht nein sagen, du verstehst mich doch? Du bist doch sonst immer so verständig gewesen, nachsichtig mit allen Menschen und mit mir ...
GRENZER
Lass ihn. Er hört gar nicht, was du sprichst. Wir wollen keine Zeit verlieren mit ihm. Es ist ohnehin spät geworden. Er leidet offenbar unter altmodischen Prinzipien. Als ob etwas Besonderes darin läge, wenn ich dich nach Hause begleite.
Er zieht sie am Arm in die Kulisse, sie lässt ein aufreizendes Lachen erklingen.
Beleuchtungswechsel.
KOLAK *singt den Song vom Verrat.*

Wenn Steine reden könnten
sie wüssten wann du von mir weggegangen bist
dass du mich damals
als du mich zum ersten Male liebtest
schon verrietest.

Vorhang

Fünftes Bild

Der Zwischenvorhang ist wieder unten. Der Kaminfegermeister rollt die Tischchen eines Restaurants auf die Szene.

KOLAK, *noch immer in der Uniform des Grenzers, sitzt am Boden und betrachtet den Rock.*
Das ist ein grober Stoff. Unempfindlich für Harzflecken. Unempfindlich gegen Mückenstiche. Unempfindlich gegen die Hitze brennender Häuser. Das ist ein Stoff für Männer, die wissen, wozu sie da sind. Kein Stoff für mich. Denn ich weiß es nicht. Ich will es nicht wissen. Man hat mich hierher gestellt, um eine Grenze zu bewachen, die von drüben viel besser bewacht wird. Wenn einer durch die Maschen schlüpfen will: Ich habe nicht die Absicht, ihn daran zu hindern. Grenzen gibt es ja überall. Wo zwei Menschen zusammen Kaffee trinken, gibt es schon Grenzen.
KAMINFEGERMEISTER
Leute, die nur Kaffee trinken, sind hier nicht geduldet. Der Platz ist zu teuer – und die Bedienung auch.
KOLAK
Oh, Ihre Gäste werden bestimmt Hunger haben. Ich kann mir vorstellen, dass sich alle auf Ihre Bedienung freuen werden.
KAMINFEGERMEISTER
Ich kann Ihnen keine bessere verschaffen. *Die Tische und Stühle zählend.* Es müssen im ganzen vier Tische und sieben Stühle da sein. *Er holt noch einen Stuhl.*
KOLAK
Warum so genau? Ist es eine geschlossene Gesellschaft? Ich will keiner geschlossenen Gesellschaft angehören.

50

Er will weggehen. In diesem Moment erscheint von der Gegenseite seine Mutter. Als sie sich kreuzen, schauen sie sich an, aber sie erkennen sich nicht. Kolak ab.

Die Mutter setzt sich an ein Tischchen, nimmt einen Spiegel aus der Handtasche und betupft mit einer Puderquaste ihr verweintes Gesicht.

Von der anderen Seite erscheinen Schönmanns. Der Mann jetzt in der Uniform eines Passbeamten. Er setzt sich gleich, während die Frau mit einem kleinen weißen Taschentuch den Stuhl abwischt.

FRAU SCHÖNMANN

Pfui, wie schmutzig. Siehst du nicht, dass hier alles so schmutzig ist? Steh noch einmal auf, nimm dein Taschentuch und putz deinen Stuhl ab, er ist ja ganz voll Kohlenstaub. Das Taschentuch kann man waschen, aber deine Hosen nicht, das kommt viel zu teuer.

SCHÖNMANN

Lass mich doch. Meine Hosen sind schon öfters schmutzig geworden. Du meinst, es müsse überall so sauber sein wie bei uns zu Hause. Es kann nicht überall so sauber sein! Mir ist es hier sauber genug.

Von der andern Seite treten der Grenzer und das Fräulein ein. Der Grenzer trägt noch immer Kolaks Jackett.

FRÄULEIN

Es ist sehr schwül hier drin.

GRENZER *zur Mutter*

Ist hier noch frei?

Die Mutter reagiert nicht. Sie setzen sich. Das Fräulein knöpft das Kleid auf.

Du darfst dich hier nicht nackt ausziehen. Das ist ein sehr gepflegtes Restaurant.

Sie fährt fort, ihr Kleid aufzuknöpfen, als hätte sie es nicht gehört.

KOLAK *tritt auf. Er trägt wieder sein weißes Hemd und hat die Ausrüstung des Grenzers auf den Armen. Zu Schönmann*

Entschuldigung, darf ich hier meine Ausrüstung zurückgeben?

SCHÖNMANN

Am nächsten Tisch links gibt man die Ausrüstung zurück.

KOLAK

Ich bin hier fremd. Ich sprang ein für einen Kollegen –

SCHÖNMANN

Am nächsten Tisch links gibt man die Ausrüstung zurück.

KOLAK *zum Fräulein*

Bei Ihnen?

FRÄULEIN

Ja. Sie gehört meinem Mann. Er hat von morgen an wieder Dienst.

GRENZER

Von heute Nacht an, wenn sich besondere Ereignisse abspielen sollten.

FRÄULEIN

Das wollen wir nicht hoffen. *Zu Kolak.* Haben Sie alles mitgebracht?

KOLAK

Ich weiß leider nicht mehr, was ich alles bekommen habe.

FRÄULEIN

Legen Sie es auf den Tisch. Wir werden sehen.

KOLAK

Ich habe die Pistole noch nicht entfettet. Ich habe sie nie gebraucht.

GRENZER *zum Fräulein*

Er hat nicht gewagt, sie zu brauchen.

FRÄULEIN

Unsinn. Er hat sie nicht brauchen wollen.

GRENZER

Der! Er würde sie fallen lassen, bevor es knallt.

SCHÖNMANN *scharf*
Bitte kontrollieren, ob alles da ist.
GRENZER
Ich habe schon kontrolliert.
Er hat nichts kontrolliert.
Es fehlt nur eine Kugel in der Pistole.
SCHÖNMANN
Eine Kugel in der Pistole? Das deutet auf ein Verbrechen hin.
FRÄULEIN
Auf Verzweiflung.
GRENZER
Auf Selbstmord. *Er zieht Kolaks Jackett aus und wirft es zu Boden.*
SCHÖNMANN
Das fehlte noch, nach all den anderen Übeltaten.
FRÄULEIN
Welche Übeltaten?
SCHÖNMANN
Sie werden dringend ersucht, diese Kugel aus Ihrem Gehirn hervorzugraben. Wir brauchen sie.
GRENZER
Sie gehört ins Magazin der Pistole.
SCHÖNMANN
In Ihrem Gehirn darf keine Munition aufbewahrt werden.
KOLAK
Ich gebe zu, mit der Pistole ein bisschen manipuliert zu haben. Und dann fiel eine Kugel ins Gras und ging verloren.
SCHÖNMANN
Die Pistole ist doch kein Spielzeug! Sie stehen in verantwortungsvoller Position an der Grenze – und spielen!

FRÄULEIN *zu Kolak*
Möchten Sie nicht wieder Ihr Jackett anziehen?
Der Grenzer hat seinen Rock schon zugeknöpft.
SCHÖNMANN
Die Kugel muss gefunden werden.
KOLAK *hebt sein Jackett auf, wischt den Staub ab, zieht es an.*
Offenbar fehlen in dieser Gegend die Kleiderhaken.
GRENZER
Er weiß nicht einmal, wo er sie verloren hat.
Er hängt sich die Pistole und den Feldstecher wieder um.
KAMINFEGERMEISTER
Nehmen Sie Platz, meine Herrschaften. *Er wendet sich an Schönmanns.* Schön, die Herrschaften haben schon Platz genommen.
FRAU SCHÖNMANN
O ja, es ist ein kleines, aber sehr gepflegtes Restaurant.
FRÄULEIN *zu Kolak*
Wir finden schon noch einen Stuhl für Sie. Wollen Sie sich nicht zu uns setzen?
KOLAK
Danke. Ich bin lieber allein. Ich muss jetzt gehen.
FRÄULEIN
Für immer? Oder werden wir uns wiedersehen?
KOLAK *zum Grenzer*
Man sagt, Wiedersehn macht Freude, wenn man etwas ausgeliehen hat.
GRENZER, *lacht trocken*
Er hat wenigstens seinen Humor nicht verloren, trotz aller Misserfolge.
KAMINFEGERMEISTER *zu Kolak*
Es ist noch Platz, hier vorn, bitte sehr.
KOLAK
Ich möchte lieber nicht hier bleiben.

KAMINFEGERMEISTER
Sie sind hier sehr nah an der Grenze.
Kolak nimmt vorn Platz, allein an einem Tischchen.
GRENZER
Herr Ober, können wir bestellen?
KAMINFEGERMEISTER
Ich komme gleich. *Zu Schönmanns.* Entschuldigung.
Sie waren zuerst da. Was darf ich bringen?
SCHÖNMANN *zu seiner Frau*
Sind wir jetzt nicht zu früh gekommen? Du hast immer
behauptet, wir kämen zu spät. Jetzt sitzen wir schon
zwei Stunden hier, und es hat sich noch nichts geregt.
FRAU SCHÖNMANN
Ja eben: zwei Stunden sitzen wir schon hier und war-
ten. Da sieht man, wie man sich auf dich verlassen
kann.
GRENZER
Herr Ober, eine Tasse Milchkaffee.
FRAU SCHÖNMANN
Zwei Tassen Milchkaffee.
SCHÖNMANN
Drei Tassen Milchkaffee.
FRÄULEIN
Vier Tassen Milchkaffee.
GRENZER
Aber für mich nur eine.
FRAU SCHÖNMANN
Und für mich koffeinfrei, zur Schonung meiner Nie-
ren.
KAMINFEGERMEISTER, *notierend*
Ich habe es notiert. Ich werde Ihre Nieren schonen. *Zu
Kolaks Mutter.* Was darf ich Ihnen bringen?
MUTTER, *schreiend zum Grenzer*
Du bist Kolak, du bist mein Sohn!
Kaminfegermeister kopfschüttelnd ab.

GRENZER
Ich? – Nein. Das ist ein Missverständnis.

MUTTER
Du willst doch nicht behaupten, dass du nicht mein Sohn seiest, du kannst dich doch nicht verleugnen, und mich dazu, deine Mutter, jetzt, nachdem ich dich endlich gefunden habe, nach all den Irrreisen bis ans Ende der Welt, in dieses gottverlassene Grenzkaff. Du sitzest wie Kolak, du sprichst wie er, du hast seine Augen, seine Ohren, seinen Haaransatz – Kolak.
Sie versucht ihn zu umarmen.

GRENZER *wehrt sie ab. Zum Fräulein*
Sie ist verrückt.

FRÄULEIN *zur Mutter*
Sie irren sich, gute Frau. Er ist nicht Ihr Sohn. Er ist mein Mann. Ich kenne doch meinen Mann. Er hat vielleicht gewisse Ähnlichkeiten mit Ihrem Sohn, aber das ist auch alles. Und so wie Ihr Sohn einer ist, gibt es sicher noch viele Männer auf der Welt.

MUTTER *zum Grenzer*
Wenn du doch endlich zur Vernunft kämst! Es ist noch nicht zu spät. Aber du musst deine Fehler einsehen, du musst dich bessern, du darfst die schmutzigen Hemden nicht unters Bett werfen, du musst endlich lernen, ein anständiger Mensch zu sein, ein Mensch wie Armin. Oh, was habe ich für einen Sohn ... Kolak!

GRENZER
Sie ist im höchsten Grad schizophren. Sehr unangenehm, mit solchen Leuten am gleichen Tisch sitzen zu müssen.

FRÄULEIN
Wollen wir nicht lieber weggehen?
Der Kaminfegermeister erscheint wieder und trägt auf einem Tablett Handschellen herein, an denen eine schwarze Kugel hängt, wie sonst an der Bürste des Kaminfegers.

GRENZER
Herr Ober, zuerst zu uns.
FRAU SCHÖNMANN
Bleiben Sie hier, Herr Ober. Wir kommen zuerst an die Reihe.
Er beginnt Schönmanns zu fesseln. Während das Ge-spräch weitergeht, holt er draußen immer neue Hand-schellen und fesselt auch alle anderen Gäste, außer Kolak.
FRAU SCHÖNMANN, *die als erste gefesselt ist*
Ich finde die Bedienung hier sehr prompt, nicht?
SCHÖNMANN
Serviertöchter wären angenehmer.
FRAU SCHÖNMANN
Ach, du mit deinen Serviertöchtern.
SCHÖNMANN
Ich habe nichts von meinen Serviertöchtern gesagt. Ich sagte nur, eine weibliche Bedienung wäre angenehmer. Von meinen Serviertöchtern habe ich nicht ein Wort gesagt.
FRAU SCHÖNMANN
Eben, da schweigst du dich aus, da bist du still wie ein Grab, das riecht man nur so, das kann man nur ahnen, das mit deinen Serviertöchtern. Wenn wir heute nicht zufällig hier säßen, würdest du wiederum im „Ochsen" sitzen, bei deinen Serviertöchtern.
Kolaks Mutter fängt an, wie irrsinnig in ihrer Handta-sche zu wühlen und die Fläschchen, die Lippenstifte und die andern Schminkutensilien auf den Boden zu werfen. Alle sehen ihr überrascht zu.
GRENZER
Fehlt Ihnen etwas? Darf ich Ihnen etwas anbieten? Zigaretten, Zündhölzer? Eine Portion Lindenblütentee? Suchen Sie Arbeit? Wollen Sie unsere Haushälterin werden? Können Sie kochen, Strümpfe flicken, Kohlen schleppen in den vierten Stock?

Die Mutter hört mit Wühlen auf und sitzt apathisch da.
Sie hört nichts mehr. Umso besser. Hoffentlich haben wir jetzt Ruhe vor ihr.

FRÄULEIN
Sie dauert mich. Das ist ja schrecklich, wenn ein Mensch so weit kommt. Was muss sie nicht alles erlebt haben!

GRENZER
Sie merkt nicht, dass sie verrückt ist, also ist es nur halb so schlimm.

Zum Kaminfegermeister, der hinzugetreten ist und die Mutter fesselt.
Gut, dass Sie endlich kommen. Die Dame war vorhin sehr aufgeregt. Sie hielt mich für ihren Sohn und hat in ihrer Handtasche wie irrsinnig nach irgendeinem Schriftstück gesucht.

KAMINFEGERMEISTER
Sie wird es bald endgültig verloren haben. *Zum Fräulein.* Sie hatten eine Portion Bravheit bestellt?

FRÄULEIN
Ja, ich habe so Durst.

KAMINFEGERMEISTER *zum Grenzer*
Und Sie eine Portion Wachsamkeit?

GRENZER
Jawohl. Mir ist so heiß. Entschuldigen Sie, dass ich so schwitze.

KAMINFEGERMEISTER
Das schätzt man bei uns, schwitzende Gäste. *Zum Fräulein.* Passen Sie auf, dass die Kugel nicht ihr Kleid beschmutzt.

FRÄULEIN
Oh, das macht nichts. Es lässt sich chemisch reinigen.

GRENZER
Es lässt sich chemisch reinigen.

FRAU SCHÖNMANN
Es lässt sich chemisch reinigen.
SCHÖNMANN
Damit ist die Sache doch nicht erledigt! Damit fängt
sie erst an! Die chemische Reinigung ist doch viel zu
teuer für uns, das hast du ja vorhin auch gesagt.
FRAU SCHÖNMANN
Hör jetzt endlich auf, dich in meine Angelegenheiten
zu mischen. Ich muss ja meine Rechnungen selber
bezahlen. Du zahlst nie etwas. Man darf dir nicht ein-
mal das Geld anvertrauen, damit du die Rechnung
zahlen kannst.
GRENZER *zum Kaminfegermeister*
Darf ich gleich zahlen, Herr Ober?
KAMINFEGERMEISTER
Danke, es ist schon alles bezahlt.
FRAU SCHÖNMANN
Danke, es ist schon alles bezahlt.
SCHÖNMANN
Schon alles bezahlt?
KAMINFEGERMEISTER
Jawohl, meine Herrschaften. Es ist schon alles bezahlt.
Zu Kolak. Nicht wahr, mein Herr?
KOLAK
Ich bin leider nicht ganz im Bilde über das, was be-
zahlt worden ist, aber ich nehme an, Sie werden schon
auf Ihre Rechnung kommen.
SCHÖNMANN, *empört zu Kolak*
Sie haben noch gar nichts bestellt!
GRENZER
Sie erfrechen sich, in dieser Wirtschaft zu sitzen und
nichts zu bestellen!
FRAU SCHÖNMANN
Sie müssen eine Limonade bestellen.
SCHÖNMANN
Sie müssen einen Appenzeller Alpenbitter bestellen.

FRÄULEIN
Sie müssen eine Schwimmweste bestellen.

ALLE
Sie müssen eine Schwimmweste bestellen. Sie müssen eine Schwimmweste -

KOLAK
Ich w e r d e bestellen. Aber nicht hier... Ich werde für Sie eine Schwimmweste bestellen. Für mich lohnt es sich nicht mehr.

FRÄULEIN
Jedermann muss schwimmen können. Wollen Sie das sagen?

KAMINFEGERMEISTER *zu Kolak*
Ich gebe Ihnen die Mappe zurück, die konfisziert worden ist.

KOLAK
Warum halten Sie mich eigentlich auf? Sie wissen doch, dass ich über die Grenze muss!

KAMINFEGERMEISTER, *lächelnd*
Der Weg ist frei. Aber es ist noch keiner lebendig hinüber gekommen.

Der Zwischenvorhang wird hochgezogen. Hinten dieselbe Gegend wie im vierten Bild. An der Verbotstafel hängt wieder das weiße Tuch mit der aufgesprayten Schrift.

KOLAK, *diese Szene betrachtend*
Ich m u s s hinüber.

KAMINFEGERMEISTER
Wenn Sie sich dorthin halten, wo die Verbotstafel aufgestellt ist, kommen sie am weitesten. Dort kommen Sie sicher bis in die Mitte des Todesstreifens, und wenn Sie Glück haben, sogar noch einen Schritt darüber hinaus.

KOLAK *zum Kaminfegermeister*
Sie werden erfahren, wie weit ich gekommen bin. Holen Sie sich keinen Schnupfen meinetwegen...

Er erhebt sich, geht am Tischchen vorbei, wo seine
Mutter, der Grenzer und das Fräulein sitzen, dann
nach hinten, durch die Lücke im Grenzzaun, und ver-
schwindet aus dem Blickfeld.
MUTTER, *die ihm gebannt nachgeschaut hat*
War das nicht Kolak, mein Sohn? *Sie steht auf. Zum*
Kaminfegermeister. Lösen Sie das *(die Fesseln),* ich
muss ihm folgen. Ich muss –
Scheinwerfer kreuzen hinten auf der Bühne. Eine Ma-
schinengewehrsalve ertönt.
MUTTER
Kolak –
Stille
Sie haben ihn erschossen! Kolak, Kolak –
Sie bricht zusammen. Alle außer ihr erheben sich.
KAMINFEGERMEISTER, *eine Karte aus Kolaks Map-*
pe ziehend.
Kolak, geboren am 20. April 1962, Sohn eines Zwie-
belhändlers, berufslos, ohne Papiere, staatenlos. Wurde
verhaftet, weil er der einzige Nichtschmuggler war.
Wurde erschossen, weil er der einzige war, der es wag-
te, über die Grenze zu gehen.
Er richtet die Mutter auf, nimmt ihr die Fesseln ab
und führt sie an die Rampe. Die andern stellen sich
ebenfalls an die Rampe.
MUTTER
Er war mein Sohn.
FRAU SCHÖNMANN
Er war mein Zimmerherr.
FRÄULEIN
Er war mein Geliebter.
KAMINFEGERMEISTER
Er war mein Geselle.

Vorhang.

Nachwort des Autors

Vor zwei Jahren erreichte mich die Bitte des Leiters des Jugend-Theaters in Zug, mein Theaterstück „An der Grenze" spielen zu dürfen. Dieses war 1963 vom Schauspielhaus Zürich uraufgeführt und seither nicht mehr inszeniert worden. Erfreut sagte ich zu. Die Aufführung habe ich nicht gesehen. Aber die Tatsache, dass das Stück seinen Reiz für jugendliche Theaterliebhaber nicht verloren zu haben schien, war für mich ein Anlass, mich selber wieder einmal mit meinem schon fast vergessenen Werk zu beschäftigen.

Die Idee zu diesem Stück geht auf ein persönliches Erlebnis zurück. Im Herbst 1961 planten meine Frau und ich eine Reise nach Berlin. Aber dann kam der Mauerbau dazwischen, und da wir vier kleine Kinder zu Hause zurückließen, fanden wir die Fahrt in das Krisengebiet der Grenzstadt Berlin zu riskant. Also änderten wir kurzfristig unser Programm und fuhren von Braunschweig aus, wo wir eine junge Kollegin besucht hatten, auf den Spuren von Thomas Mann nach Lübeck und nach Travemünde. Die beiden Orte lockten uns deshalb, weil wir das Werk des großen deutschen Romanschriftstellers sehr schätzten.

In Travemünde trafen wir freilich nicht auf den friedlich-heiteren Kurbetrieb, wie er von Thomas Mann in den „Buddenbrooks" geschildert worden ist. Vielmehr wurden wir dort mit einer Realität konfrontiert, die wir bisher nur vom Hörensagen gekannt hatten: mit der Grenze zwischen dem westlichen und dem östlichen Teil Europas, dem sogenannten Eisernen Vorhang.

Der Anblick des „Eisernen Vorhangs" löste in mir zwei ganz unterschiedliche Reaktionen aus: das Entsetzen über die Absurdität dieser Grenzanlage, die sich wie ein Geschwür durch eine ehemals offene Landschaft zog, aber auch die Neugierde nach dem, was sich dahinter verbarg, und die Sehnsucht, dieses empörende Hindernis durch einen mutigen persönlichen Akt zu überwinden.

Eine Weile trug ich diese beiden Eindrücke wie Keime zu einem Werk in mir, dessen literarische Gattung noch nicht festgelegt war. Aber ich wusste, dass sich die absurde Situation von Travemünde nicht mit den Stilmitteln von Thomas Mann darstellen ließ. Als ich einige Monate später Ionescos „Nashörner" las, war die Idee, aus meinem Travemünde-Erlebnis ein Theaterstück zu machen, geboren.

Das Stück von Ionesco zeigt, wie sich alle Leute sukzessive in Nashörner verwandeln. Der einzige, der ein Mensch bleibt, ist der Versagertyp Behringer. Nashörner sind Wesen, die auf ein Ziel zurennen und alles zertrampeln, was ihnen im Weg steht. Die Quintessenz seines Stücks lautet: Nur das Scheitern kann uns davor bewahren, Nashörner zu werden.

Diese Philosophie des Scheiterns fesselte mich. Ich selber war zwar in meinem bürgerlichen Leben durchaus nicht gescheitert, aber als Schriftsteller hatte ich die Erfahrung des Versagens nur zu häufig gemacht. Noch wichtiger als dieser inhaltliche Bezug zu meiner eigenen Situation waren jedoch die formalen Anregungen, die mir Ionesco mit seinem Stück vermittelte. Er empfindet die Realität der äußeren Welt als absurd, genauso wie ich den „Eisernen Vorhang" in Travemünde als absurd empfunden hatte. Aber anders als im traditionellen Theater bildet er auf der Bühne nicht diese äußere Welt ab, sondern seine Reaktion darauf: die eigene Innenwelt mit ihren Sehnsüchten und Ängsten. Deshalb wird auf der Bühne alles möglich: Er kann da sogar eine Herde Nashörner auftreten lassen.

Das gab mir den Mut, mich ebenfalls von den traditionellen Vorstellungen zu lösen und auf der Bühne Dinge zu zeigen, die sonst nur der Fantasie meiner Träume vorbehalten waren.

Ionescos Stücke werden heute in die Kategorie des absurden Theaters eingeordnet. Als ich „An der Grenze" schrieb, kannte ich diesen Begriff noch nicht. Er ist 1962 von Martin Esslin geprägt worden, zur selben Zeit, als mein Theaterstück entstand. Esslin verwendet ihn als Bezeichnung für jene in den fünfziger Jahren entstandene avantgardistische Dramenform, die die ausweglose Situation der menschlichen Existenz widerspiegelt. Ihre Vorbilder waren der Dadaismus und der Surrealismus. Erst später wurde mir bewusst, dass ich mit der „Grenze" ebenfalls so etwas wie ein „absurdes" Theaterstück geschrieben hatte.

Dadaismus, Surrealismus und absurdes Theater sind literarische Ausdrucksformen, die im Zusammenhang mit den beiden Weltkriegen gesehen werden müssen. Der Krieg ist die absurde Situation par excellence. Er pervertiert die hohen Werte des Humanismus und macht das Töten zur vaterländischen Pflicht. Der Eiserne Vorhang war für mich das Zeichen dafür, dass dieser Krieg fortdauerte. Aber das absurde Theater stellt der Ideologie des Krieges kein neues Wertsystem entgegen. Es lehnt alle menschlichen Ideologien ab. Am Ende bleibt nur die Gewissheit, dass wir sterben müssen. Das menschliche Leben ist auf das Scheitern angelegt, und das letzte und endgültige Scheitern ist der Tod.

Im Frühjahr 1962 war meine Schule wegen einer Masernepidemie zehn Tage lang geschlossen, und in dieser Zeit schrieb ich das Stück. Im Herbst schickte ich es ans Schauspielhaus Zürich und an zwei andere Theater. Das Schauspielhaus reagierte mit einem kurzen

Brief: „Wir sind von der Lektüre so beeindruckt, dass wir gern Näheres über Ihre Person wüssten ...“ Die beiden andern reagierten nicht. Von der schnellen Antwort des Schauspielhauses fühlte ich mich sehr geschmeichelt. Es war mein erstes Theaterstück, abgesehen von einigen kurzen Mundartstücken, die ich für meine Schüler geschrieben hatte. In meiner Schublade lagen Romanfragmente, Aphorismen, Gedichte. Bis jetzt hatte sich niemand dafür interessiert.

Die Dramaturgie der Pfauenbühne lag damals in den Händen eines jungen Teams, das sich sehr für mein Stück einsetzte. Dagegen schien der Direktor Kurt Hirschfeld davon wenig überzeugt zu sein. Aber er gab den jungen Dramaturgen freie Hand. Die Bühne hatte ein internationales Renommee, die Uraufführungen von Frisch und Dürrenmatt lockten ganze Scharen von Kritikern an. Schon im Vorfeld erlebte ich eine herbe Enttäuschung, weil mein Stück, das ich als abendfüllend konzipiert hatte, zu einem Einakter zusammengestrichen wurde und mit dem Einakter eines anderen Autors gespielt werden sollte. Bei einer der letzten Proben strich Hirschfeld einen Song heraus, an dem mir viel gelegen war, angeblich, weil die Szene zu peinlich sei.

Trotzdem hatte ich keinen Grund, mich zu beklagen. Ich sonnte mich im unverhofften Glück, ein Autor des Schauspielhauses Zürich zu sein. Das Stück wurde in der renommierten Literaturzeitschrift „hortulus“ veröffentlicht, die jetzt auch Gedichte von mir abdruckte, was sie vorher abgelehnt hatte. In der Presse wurde der Volksschullehrer aus dem Emmental als Hoffnungsträger der zeitgenössischen Schweizer Dramatik gehandelt. Er ist es nicht gewesen. „An der Grenze“ blieb mein einziges Theaterstück. Natürlich versuchte ich in den folgenden Jahren noch andere Dramen zu schreiben. Aber diese kamen nie über ihren fragmentarischen Charakter hinaus. So zeigt „An der Grenze" auch mein Scheitern als Theaterautor.

Kurz vor der Uraufführung wurde ich zu einer Probe eingeladen. Die Inszenierung stand schon fest, die Diskussion mit dem Autor war unerwünscht. Vielleicht wäre ich ihr auch gar nicht gewachsen gewesen. Im Grunde wusste ich selber nicht recht, was ich mit dem Stück sagen wollte, und hoffte, dass es andere herausfänden. Mir machte der Kontakt mit dem Schauspielhaus bewusst, dass ich da unvermittelt in eine Welt katapultiert wurde, in der ich der einzige Amateur unter lauter Profis war. Entsprechend benahm ich mich tollpatschig. Nach der Probe hielt mir ein Radioreporter das Mikrofon unter die Nase, und ich sollte sagen, welche Gefühle die Inszenierung in mir ausgelöst hatte. Ehrlicherweise hätte ich antworten müssen: Enttäuschung. Aber ich durfte die Aufführung meines Stücks nicht mit einer solchen Aussage gefährden. Also stammelte ich irgendetwas von einem sehr positiven Erlebnis.

Hirschfeld hatte recht: die Songs wirkten peinlich. Sie waren die Fremdkörper im Stück. Der Darsteller von Kolak begleitete sich selbst auf der Gitarre, aber da er das Instrument nicht beherrschte, tat er nur so, als ob er spielen würde. Als Bühnenbild hatte ich mir beim Schreiben die Grenze von Travemünde vorgestellt: den „Eisernen Vorhang" mit Warntafeln, Drahtverhau, Todesstreifen, Wachttürmen. Der Bühnenbildner hielt sich nicht daran. Er ließ sämtliche Szenen an der Berliner Mauer spielen, wodurch dem Stück, das keiner Ideologie verpflichtet war, eine antikommunistische Tendenz aufgezwungen wurde.

Die Premiere wünschte ich hinter der Bühne zu erleben. So wurde ich Zeuge der nervösen Stimmung, die alle Mitwirkenden erfasst hatte. Die Spannung löste sich erst, als das Publikum an gewissen Stellen zu lachen begann. Diese Lacher waren mir eine Qual. Ich hatte keine Komödie schreiben wollen, sondern ein Stück, das von einer melancholischen Grundstimmung getragen war.

Die Kritik war wohlwollend bis böse, am bissigsten diejenige des Starkritikers Werner Wollenberger. Er schrieb sie nach dem Muster: den Regisseur loben, die Schauspieler bemitleiden, den Autor am Boden zerstampfen. Für mich gab es nichts zu beschönigen: Das Stück war durchgefallen. Damals suchte ich den Fehler bei der Inszenierung. Aber die zeitliche Distanz hat mir eine kritischere Sicht auf meine eigene Arbeit erlaubt. Als ich es nach vierzig Jahren wieder gelesen habe, entdeckte ich gewisse dramaturgische Mängel, die mir nicht allzu schwer zu beheben schienen. So entschloss ich mich zu einer Neufassung.

In der vorliegenden Version geht es mir vor allem darum, die archetypischen Beziehungen der einzelnen Rollen klarer zum Ausdruck zu bringen. Auch habe ich versucht, die Songs besser in den Text zu integrieren, was einige Umstellungen erforderte. Sonst aber habe ich die alte Struktur beibehalten. An einigen Stellen habe ich den Text durch Aktion ersetzt. Bei all diesen Änderungen war ich darum bemüht, die Elemente des absurden Theaters eher zu verstärken als abzuschwächen. Deshalb muss die Frage, weshalb Kolak verhaftet und verurteilt wird und weshalb er über die Grenze geht, letztlich unbeantwortet bleiben.

Nebst Kolak spielt die mythische Figur des Kaminfegermeisters eine zentrale Rolle. Er tritt als arroganter Funktionär auf, aber auch als Kellner, der alle Gäste fesselt, statt sie mit Getränken zu bedienen. Wie Mephisto ist er der Meister, der das ganze Spiel beherrscht. Deshalb kann er am Schluss sagen, dass auch Kolak sein Geselle gewesen sei.

Als ich die Figur des Kaminfegermeisters entwarf, stand mir der Schwarze Mann aus jenem Fangspiel vor Augen, das wir als Kinder öfters gespielt haben. Da es dem heutigen Leser wohl kaum bekannt sein dürfte, versuche ich es kurz zu beschreiben. Zwei Parteien stellen sich gegenüber auf, und die eine fragt: Was wollt ihr machen, wenn der schwarze Mann kommt? – Die andere Partei antwortet: Ausreißen und fliehn! – Dann rennen die Kinder wild durcheinander, und die fangende Partei versucht möglichst viele Gegner durch Schlag auf den Körper zu erwischen. Jedesmal, wenn ich als Knabe ungeschlagen auf die andere Seite kam, hatte ich das Gefühl, dem Tod entronnen zu sein.

„An der Grenze" ist zwar zu Zeiten des Kalten Krieges entstanden, aber es reflektiert nicht die historische Situation von damals. Kolak ist kein „Republikflüchtling": Er versucht die Grenze nicht von Ost nach West, sondern von West nach Ost zu überschreiten. Deshalb erweist sich der Begriff der Grenze, wie er im Stück gemeint ist, nicht als historisches Phänomen, sondern als Metapher für die Grenze zwischen dem Leben und dem Tod schlechthin. So betrachtet könnte das Stück auch heute noch aktuell sein, obschon der „Eiserne Vorhang" längst der Vergangenheit angehört.

Paris, im August 2006

Vom selben Autor sind bei Books on Demand GmbH, Norderstedt, erschienen:

Mühlethaler, Hans:
Das Bewusstsein – Ursache und Überwindung der Todesangst, 2006
ISBN 3-8334-4914-4, PB, 188 S., € 13.20

Warum hat der Mensch Angst vor dem Tod? – Weil er ein Bewusstsein seiner Sterblichkeit besitzt. Durch eine Klärung des Begriffs „Bewusstsein" wird das Thema Tod enttabuisiert und ein Weg zur Überwindung der eigenen Todesangst aufgezeigt.

Mühlethaler, Hans:
Der leere Sockel, Roman, 2000
ISBN 3-8311-0398-4, PB, 236 S., € 14.80

In Paris, im Square Nadar oben bei der Sacré Coeur, steht ein leerer Sockel. Darauf erhob sich einst die Statue des Chevalier de la Barre, eines Jünglings, der durch Voltaire zum Symbol des freien Denkens in Frankreich geworden ist. Welche Geschichte hat der Chevalier de la Barre? Warum wird der leere Sockel zum Gleichnis für das Leben und Sterben des Berner Historikers Erich Hedinger? – Dies alles, und mehr als das, ist im Roman des in Paris lebenden Schweizer Autors zu erfahren.